Kant
Vom Aufbruch der Gedanken

KNESEBECK

Kant

Vom Aufbruch der Gedanken

Eine Graphic Novel
von Jörg Hülsmann

Wasianski,
Ehregott Andreas Christoph (1755–1831), Theologe, Schüler und Biograf Kants

Jachmann,
Reinhold Bernhard (1767–1843), Theologe und Schüler Kants

Borowski,
Ludwig Ernst (1740–1831), Theologe, Kants Biograf und Hörer seiner erster Vorlesung

Heilsberg,
Christoph Friedrich (1726–1807), Kants Studienfreund, später Schulrat in Königsberg

Rink,
Friedrich Theodor (1770–1811), Theologe und Biograf Kants

Ich habe mir die Bahn schon vorgezeichnet, die ich halten will. Ich werde meinen Lauf antreten, und nichts soll mich hindern, ihn fortzusetzen.

Die Reise durch Kants Leben wird auf drei Ebenen erzählt. Dabei fließt der Erzählertext zusammen mit Zitaten der Wegbegleiter Kants, von denen hier nur die wichtigsten genannt sein sollen. Die Zitate der Zeitgenossen werden ergänzt durch Zitate Kants, jeweils gekennzeichnet durch eine gelbe Initiale in Fraktur, der Schrift seiner Zeit und seiner Bücher.

Die Zitate wurden weitgehend im Originalton wiedergegeben, jedoch an die neue deutsche Rechtschreibung angepasst und teilweise gekürzt.

In Anlehung an die vier großen Fragen, die Kant in seiner Philosophie beschäftigt haben, ist das Buch in vier Kapitel aufgeteilt:

Wegweiser

Königl. Schloss
Dom
Grüne Brücke
Pregelstrom
Friedrichburg
Dampf-Schiff-platz
Börse
Kneiphof
Süd-bahnhof
Hintere Vorstadt
Haberberger Grund

Was ist der Mensch?

Kants Lebensweg
1724 – 1770

»Unser Kant ward zu Königsberg in Preußen 1724 am 22. April geboren. Von dem Orte der Geburt, von unseren Eltern, von der Schule, die man besucht, von manchen äußeren, oft ganz unbedeutend scheinenden Umständen, unter welchen man aufwuchs, von unseren frühern Lehrern und Mitschülern u. dgl. hängt größtenteils die ganze Richtung ab, die unsere Denk- und Verfahrensart unser ganzes Leben hindurch nimmt. Ob dies der Fall auch bei Kant war, wird sich gleich zeigen.« Borowski

Eine große Stadt, der Mittelpunkt eines Reiches, in welchem sich die Landeskollegia der Regierung desselben befinden, die eine Universität (zur Kultur der Wissenschaften) und dabei noch die Lage zum Seehandel hat, welche sowohl durch Flüsse aus dem Inneren des Landes als auch mit angrenzenden entlegenen Ländern von verschiedenen Sprachen und Sitten einen Verkehr begünstigt –, eine solche Stadt, wie etwa Königsberg am Pregelflusse, kann schon für einen schicklichen Platz zu Erweiterung sowohl der Menschenkenntnis als auch der Weltkenntnis genommen werden, wo diese, auch ohne zu reisen, erworben werden kann.

Ahnentafel
Familie Kant
Hans
Reinsch
* 1615
in Memel
Michael
Felgen-
hauer
* 1645
† 1691
Königsberg
Anna
Mielke
* 1652
† 1720
Königsberg
Richard
Cant
* 1610
† um 1670
Dorothea
Lieder
* 1615
Friedrich
Reuter
* 1649
in
Nürnberg
† 1721
Anna
Maria
Nothelfer
* 1641
† 1683
Nürnberg
Hans
Kandt
* 1640
† 1715
Memel
Tochter
des H.
Reinsch
* 1645
† 1698
Caspar
Reuter
* 1670
Nürnberg
† 1729
K.berg
Regina
Felgen-
hauer
* 1673
† 1735 K.berg
Johann
Georg
Kandt
* 1683 Memel
† 1746 K.bg
(Emanuel)
Immanuel
Kant
* 1724
† 1804
Königsberg
Anna
Regina
Reuter
* 1697
† 1737 K.berg

»Ich führe Sie zuerst in die frühe Jugend des Weltweisen, von welcher (leider!) vielleicht allen jetzt lebenden Menschen wenig bekannt ist …
Domkirche zu Königsberg
Kinder
Geburt Ort, Tag und Jahr
Name, Vorname
22. April 1724 Königsberg
Kandt, Emanuel
… Kant wurde in der vorderen Vorstadt, in dem Hause neben der Sattlerstraße, von Eltern aus dem niederen Bürgerstande geboren. Sein Vater war ein Riemermeister, namens Johann Georg Kant, und seine Mutter hieß Regina Dorothea, geb. Reuter. Sein Vater war bei Memel gebürtig und seine Voreltern väterlicher Seite stammten aus Schottland ab. Der Vater seiner Mutter war aus Nürnberg gebürtig. Kants Eltern verehelichten sich im Jahre 1715 und erzeugten sechs Kinder, vier Töchter und zwei Söhne. Das erstgeborne Kind war eine Tochter, die schon in der Jugend starb. Dann wurde unser Weltweise im neunten Jahre der Ehe geboren.« Jachmann
Hausbuch der
Kant

Prägung

»Der Vater unseres Weltweisen war ein sehr rechtschaffener Bürger unsers Ortes, der seinem Sohn zwar keine eigne Beihilfe geben konnte, um dessen Verstand auszubilden, der aber des offenen geraden Verstands völlig genug hatte, um für diesen fremde und gute Beihilfe aufzusuchen, und auch Willigkeit, dazu einen solchen Kostenaufwand zu machen, als sein Handwerk ihm zuließ. Seine Mutter hatte einen mehr ausgezeichneten Charakter. Bei einem richtigen Verstande – empfindungsvoll –, zum Aufschwunge zu warmen Gefühlen im Christentum geneigt.« *Borowski*

Sie besaßen das Höchste, was der Mensch besitzen kann, jene Ruhe, jene Heiterkeit, jenen inneren Frieden. Keine Not, keine Verfolgung setzte sie in Missmut, keine Streitigkeit war vermögend, sie zum Zorn und zur Feindschaft zu reizen.
Meine Mutter war eine liebreiche, gefühlvolle, fromme und rechtschaffene Frau und eine zärtliche Mutter, welche ihre Kinder durch fromme Lehren und durch ein tugendhaftes Beispiel zur Gottesfurcht leitete. Sie führte mich oft außerhalb der Stadt, machte mich auf die Werke Gottes aufmerksam, ließ sich mit einem frommen Entzücken über seine Allmacht, Weisheit und Güte aus und drückte in mein Herz eine tiefe Ehrfurcht gegen den Schöpfer aller Dinge. Ich werde meine Mutter nie vergessen, denn sie pflanzte und nährte den ersten Keim des Guten in mir, sie öffnete mein Herz den Eindrücken der Natur; sie weckte und erweiterte meine Begriffe, und ihre Lehren haben einen immerwährenden heilsamen Einfluss auf mein Leben gehabt.
J. Kant
Riemermeister

Schule

»Den ersten Unterricht im Lesen und Schreiben genoss Kant in der Vorstädtschen Hospitalschule. Seine Erziehung sowohl im väterlichen Hause als auch in der Schule war ganz pietistisch. Kant pflegte dies öfters von sich anzuführen und diese pietistische Erziehung als eine Schutzwehr für Herz und Sitten gegen lasterhafte Eindrücke aus seiner eigenen Erfahrung zu rühmen.« *Jachmann*
Dass es so wenige Genies gibt, daran haben wohl die Schulanstalten und selbst die Regierung schuld. In der Schule herrscht Zwang, Mechanismus und ein Gängelwagen der Regeln. Das benimmt den Menschen oft alle Kühnheit, selbst zu denken, und es verdirbt die Genies.

Collegium Fridericianum

Besonders faszinierte Kant das dortige Observatorium.
»Dass Kant in seinen Schuljahren vielen Eifer für Wissenschaften gehabt habe, folgere ich unter anderem aus einem Gespräche, welches wir über die Mittel führten, wodurch ein Lehrer sich bei seinen Schülern in Ansehen setzen könne …
… Höchstwahrscheinlich war der damalige Direktor des Collegii Fridericiani, der berühmte Pietist D. Albert Schulz, der Kants Eltern ihrer Frömmigkeit wegen liebte und unterstützte, die vorzüglichste Veranlassung, dass Kant studierte.« Jachmann

Studium

1740 beginnt Kant sein Studium in Königsberg.
Albertus-Universität
»Kant liebte keine Belustigungen, noch weniger Schwärmereien, gewöhnte auch seine Zuhörer unmerklich zu gleicher Gesinnung. Das Billardspiel war seine einzige Erholung; Wlömer und ich waren dabei stets seine Begleiter. Wir hatten die Geschicklichkeit in diesem Spiel beinahe aufs Höchste gebracht, gingen selten ohne Gewinn nach Hause.« Heilsberg
»Indessen unterrichtete er mehrere Studenten für eine billige Belohnung, die ein jeder aus freiem Willen gab.« Heilsberg

»Knutzen* galt ihm doch vor allen Lehrern am meisten. Dieser zeichnete ihm und mehreren die Bahn vor, auf der sie nicht Nachbeter, sondern dereinst Selbstdenker werden könnten.« Borowski
»Kant behalf sich sehr sparsam, ganzer Mangel traf ihn nie, obgleich bisweilen, wenn er notwendig auszugehen hatte und seine Kleidungsstücke bei den Handwerkern sich zur Reparatur befanden, alsdann blieb einer der Schüler den Tag über in seinem Quartier, und Kant ging mit einem gelehnten Rock, Beinkleidern oder Stiefeln aus.« Heilsberg
»Dieser große Menschenkenner entdeckte zuerst Kants große und seltene Anlagen und zog das unbemerkte Genie, das ohne seinen Beitritt vielleicht verkümmert wäre, hervor. Ihm verdankt Kant, was er wurde, und die gelehrte Welt das, was sie durch seine Ausbildung gewann.« Wasianski
Knutzen ist der wichtigste Universitätslehrer, »an den Kant sich vorzüglich anlehnte. Seinem Unterricht in Philosophie und Mathematik wohnte er unausgesetzt bei.« Er war der einzige Lehrer, »der auf sein Genie wirken konnte«. Borowski
ELEMENTA
PHILOSOPHIAE RATIONALIS
SEV
LOGICAE
CVM GENERALIS
TVM SPECIALIORIS
MATHEMATICA METHODO
IN VSVM AVDITORVM SVORVM
DEMONSTRATA
A
MARTINO KNVTZEN
LOG. ET METAPH. PROF. EXTRAORD. BIBLIOTH. REG. AC ALVMN. REG. ET COMMVNIS CONVICT. INSP. PRIMARIO ADI.
CVM INDICE ET TABVLIS SYNOPTICIS.
CVM PRIVIL. POT. REGIS POLON. ET ELECT. SAXONIAE.
REGIOMONTI ET LIPSIAE
APVD IO. HENRICVM HARTVNG. 1747.
*Martin Knutzen, * 1713 † 1751 in Königsberg, studierte ebenfalls bei F. A. Schultz, war Professor der Logik sowie Metaphysik und wurde Kants wichtigster Universitätslehrer.

Studienjahre

Kant befasst sich aber auch mit Newtons Realismus, Physik und Naturphilosophie.
Isaac Newton
F = m·a
»I. Die absolute, wahre und mathematische Zeit verfließt an sich und vermöge ihrer Natur gleichförmig und ohne Beziehung auf irgendeinen äußeren Gegenstand. II. Der absolute Raum bleibt vermöge seiner Natur und ohne Beziehung auf einen äußeren Gegenstand stets gleich und unbeweglich.« Newton
DISPUT UNTER REALISTEN UND RATIONALISTEN:
Sind Raum und Zeit reelle Größen oder subjektive Anschauungen des menschlichen Geistes?
Masse/Geschwindigkeit/Bewegungskraft
STREIT UM DAS KRÄFTEMASS
Newton: Kraft = Masse mal Geschwindigkeit
Leibniz: Kraft = Masse mal Quadrat der Geschwindigkeit
Und er befasst sich generell mit den physikalischen Kräften der Welt.

Erste Publikation

… 1749 erfolgt die Publikation.
Gedanken
von der wahren Schätzung
der
lebendigen Kräfte
und
Beurtheilung der Beweise
derer sich
Herr von Leibnitz und andere
in dieser Streitsache
bedienet haben,
welche
die Kraft
betreffen,
durch
Königsberg,
gedruckt bey Martin Eberhard
Immanuel Kant
Kant entgegnet Lessing, das durch seine GEDANKEN VON DER WAHREN SCHÄTZUNG endlich die deutsche Naturphilosophie, »die in Absicht auf diesen Punkt eingeschlafen zu sein scheinet, zu einer endlichen Entscheidung derselben aufgeweckt« werde.
Name, Vorname
Kinder
Geburt Ort, Tag und Jahr
Kandt, Emanuel
Kant, Immanuel
Kant ändert seinen Vornamen von Emanuel in Immanuel.
»Kant unternimmt ein schwer Geschäfte der Welt zum Unterricht. Er schätzt die lebendigen Kräfte, nur seine schätzt er nicht.« Lessing
Gotthold Ephraim Lessing
Um nach dem Tod seines Vaters sich und seine jüngeren Geschwister versorgen zu können, verlässt Kant die Universität und Königsberg und arbeitet im Umland als Lehrer.

Hauslehrerzeit

Hauslehrerstationen
Judtschen / Wessjolowka
1748~1751
Gross-Arnsdorf
Jarnoltowo
1751~1753
Schloss Waldburg-
Capustigall
1753~1754
»Er pflegte über sein Hofmeisterleben zu scherzen und zu versichern, dass in der Welt vielleicht nie ein schlechterer Hofmeister gewesen wäre als er. Er hielt es für eine große Kunst, sich zweckmäßig mit Kindern zu beschäftigen, und sich zu ihren Begriffen herabzustimmen, aber er erklärte auch, dass es ihm nie möglich gewesen wäre, sich diese Kunst zu eigen zu machen.« *Jachmann*

Rückkehr

1754 kehrt Kant nach Königsberg zurück …
»Unser Kant bestimmte sich, da er das dreißigste Jahr zurückgelegt hatte, immer eigentlicher dem Dienste der Universität. Um die gesammelten Kenntnisse für die Jünglinge, die auf derselben leben, nützlich anwenden zu können, suchte er die Magisterwürde.« Borowski
No: 34/1754
Wöchentliche Königsbergische
Frag- und Anzeigungs-
Nachrichten,
… und arbeitet als wissenschaftlicher Publizist. Als erste Ergebnisse seiner Studientätigkeit auf dem Land veröffentlicht er 1754 zwei Abhandlungen:
UNTERSUCHUNG DER FRAGE, OB DIE ERDE IN IHRER UMDREHUNG UM DIE ACHSE, WODURCH SIE DIE ABWECHSELUNG DES TAGES UND DER NACHT HERVORBRINGT, EINIGE VERÄNDERUNG SEIT DEN ERSTEN ZEITEN IHRES URSPRUNGS ERLITTEN HABE
DIE FRAGE, OB DIE ERDE VERALTE, PHYSIKALISCH ERWOGEN

Kant habilitiert sich mit der Schrift PRINCIPIORUM PRIMORUM COGNITIONIS METAPHYSICAE NOVA DILUCIDATIO (NEUE ERHELLUNG DER ERSTEN GRUNDSÄTZE METAPHYSISCHER ERKENNTNISSE).
1755 promoviert Kant mit der Schrift MEDITATIONUM QUARUNDAM DE IGNE SUCCINCTA DELINEATIO (DE IGNE, ÜBER DAS FEUER).
Doctor Philosophiae
»Nach dem gewöhnlichen Examen ward er 1755 am 12. Juni öffentlich promoviert. Es war, ich erinnere mich's noch lebhaft, bei dem Promotionsakt ein seltener Zusammenfluss von hiesigen angesehenen und gelehrten Männern, und bei der lateinischen Rede, die K. nach der Promotion hielt, legte das ganze Auditorium durch ausgezeichnete Stille und Aufmerksamkeit die Achtung an den Tag, mit der es den angehenden Magister aufnahm.« Borowski
»Er disputierte am 27. September desselben Jahres mit Beifall, fing bald darauf an, seine Vorlesungen über Logik nach Meier – über Metaphysik zuerst nach Baumeister, dann nach dem gründlicheren, aber schwereren Baumgarten –, über Physik nach Eberhard und über Mathematik nach Wolff zu halten.« Borowski

Kriegsjahre

1756 verfasst Kant eine naturphilosophische Deutung des Erdbebens von Lissabon.
Allerdurchlauchtigster großmächtigster König!
Da meine größeste Bestrebung jederzeit dahin gegangen, mich zu dem Dienste Ew. Königl. Majestät auf Höchstdero Academien nach Möglichkeit geschickt zu machen und in dieser Absicht die philosophischen Wissenschaften zu dem vornehmsten Felde meiner Bestrebungen gewählet, so habe ich also auch die Logik und Metaphysik mit aller Aufmerksamkeit zu excolieren niemals verabsäumet...
I. Kant
Friedrich der Große in Berlin lehnt Kants Bewerbung ab, da er wegen des Siebenjährigen Krieges alle finanziellen Mittel für das Militär benötigt. Kant unterrichtet weiter.
Am 8. April 1756 bewirbt er sich erstmals um den Philosophie-Lehrstuhl des inzwischen verstorbenen Knutzen an der Königsberger Universität.
»Seine Lehrergeschicklichkeiten, wie seine mannigfaltigen Kenntnisse, die, weil sie in nächster Beziehung auf den Menschen standen, seinem Talente für die gesellschaftliche Unterhaltung einen um so größeren Spielraum gaben, verbunden mit dem Ruhme, den ihm seine frühern Schriften schon erwarben, machten nicht nur seinen Hörsaal, obwohl er bloßer Privatdozent war, in Kurzem zu einem der besuchtesten.« Rink

Frieden

1758 besetzt die russische Armee Königsberg.
Ich meines Teils sitze täglich vor dem Amboss meines Lehrpults und führe den schweren Hammer sich selbst ähnlicher Vorlesungen in einerlei Takt fort. Bisweilen reizt mich irgendwo eine Neigung edlerer Art, mich über diese enge Sphäre etwas auszudehnen, allein der Mangel mit ungestümer Stimme sogleich gegenwärtig mich anzufallen und immer warhaftig in seinen Drohungen treibt mich ohne Verzug zur schweren Arbeit zurück.
Kant hält seine Vorlesung in Mathematik auch vor russischen Offizieren und beaufsichtigt studierende Söhne wohlhabender Familien.
ЗАЯВКА ОТКЛОНЕНА
Bewerbung abgelehnt
Am 14.12.1758 schreibt Kant an Zarin Elisabeth und bewirbt sich erneut um den Lehrstuhl für Philosophie. Elisabeth lehnt ebenfalls ab.

Nuncia Pacis
In Hubertsburg
den Frieden
Anno 1763
Mit den auf Schloss Hubertusburg geschlossenen Friedensverträgen endet 1763 der Siebenjährige Krieg.
1766 wird Kant Unterbibliothekar der Schlossbibliothek Königsberg und bleibt bis 1772 in dieser Position.
Metaphysik
I. Kant
»Ich habe das Glück genossen, einen Philosophen zu kennen, der mein Lehrer war. Er in seinen blühendsten Jahren hatte die fröhliche Munterkeit eines Jünglings, die, wie ich glaube, ihn auch in sein greisestes Alter begleitet. Seine offene, zum Denken gebaute Stirn war ein Sitz unzerstörbarer Heiterkeit und Freude; die gedankenreichste Rede floss von seinen Lippen und sein lehrender Vortrag war der unterhaltendste Umgang. Er munterte auf und zwang angenehm zum Selbstdenken; Despotismus war seinem Gemüt fremd. Dieser Mann, den ich mit größter Dankbarkeit und Hochachtung nenne, ist Immanuel Kant; sein Bild steht angenehm vor mir.«
Herder

Bewerbung

1756: Kants erste Bewerbung um einen Lehrstuhl in Königsberg, von Friedrich dem Großen abgelehnt.
1764: Ruf der Universität Königsberg auf den Lehrstuhl für Dichtkunst. Kant lehnt ab.
1758: Zweite Bewerbung, von Zarin Elisabeth ebenfalls abgelehnt.
Halle
Jena
Erlangen
1769: Ruf der Universität Erlangen auf den neu gegründeten Lehrstuhl für Logik und Metaphysik. Kant lehnt ab.

1756– Der lange Weg zur Professur –1770
Königsberg
1770: Ruf nach Jena an den Lehrstuhl für Philosophie. Kant lehnt ab.
1778: Ruf nach Halle. Kant lehnt wieder ab.
»1770 wird die ordentliche Professur für Mathematik in Königsberg frei. Kant bewirbt sich auf diese ›oder eine andere Professur‹ in Königsberg. Dabei kann er auf seine vierzehnjährige Lehrtätigkeit ebenso hinweisen wie auf die Tatsache, dass er soeben eine Professur in Erlangen mit fünfhundert Rheinischen Gulden Gehalt ausgeschlagen hatte. In dem Schreiben drückt er noch einmal seinen Wunsch aus, ›in meinem Vaterlande versorgt zu werden‹. [Friedrich Johann] Buck erhielt nun die Mathematik-Professur, während Kant auf dessen erledigten Lehrstuhl für Logik und Metaphysik nachrücken konnte, womit sein langgehegter Wunsch endlich in Erfüllung ging.« Vorländer

Am Ziel

Am 31. März 1770 unterzeichnet der König in Berlin die Ernennung.
»Möge er das ihm aufgetragene Lehramt in der Logik und Metaphysik fleißig wahrnehmen, die studierende Jugend publice und privatim, docendo et disputando unermüdlich unterrichten, um davon tüchtige und geschickte Subjecta zu machen, und nicht weniger derselben mit gutem Exempel vorangehen, ferner bei denen in Facultate vorkommenden Sachen sein Votum mit guter Überlegung von sich geben, und sich in allen Stücken so betragen, wie es einem treuen, redlichen und geschickten Königl. Diener und Professori unserer Universität wohl anstehet und gebühret.« Friedrich der Große
Lehrstuhl für Logik und Metaphysik Königsberg
PROTOKOLL ÜBER KANTS EINFÜHRUNG ALS PROFESSOR
»Actum in Ordin: 2ten Mai 1770. Wenn nach eingegangenem Rescript Er. Hocherlauchten Königl. Regierung Unser allergnädigster Herr, dem Herrn Mag: Immanuel Kant die Prof: Log. & Metaphys: Ordin. allerhuldreichst anzuvertrauen geruhet: Also ist derselbe in dato von dem zeitigen Herrn Rectore Magnifico, in pleno Consessu Senatus, in der gleichen Qualité, mit einer auf diese Professor Stelle gerichteten u. sehr wohl gesetzten Rede introduciret, auch hiernächst dieser Introductions-Actus von dem nunmehrigen Herrn Prof. Log. et Metaph: Ord: Kant mit einer feierlichen u. kurzen Rede beschlossen worden.«

Am 21.8.1770 disputiert Kant öffentlich und in Anwesenheit seiner Studenten seine Inauguraldissertation: DE MUNDI SENSIBILIS ATQUE INTELLIGIBILIS FORMA ET PRINCIPIIS (ÜBER DIE FORM UND DIE PRINZIPIEN DER SINNEN- UND GEISTESWELT).
In den folgenden zehn Jahren denkt Kant nach, ohne etwas zu publizieren.
DE
MVNDI SENSIBILIS
ATQVE
INTELLIGIBILIS
FORMA ET PRINCIPIIS.
DISSERTATIO PRO LOCO
PROFESSIONIS LOG. ET METAPH. ORDINARIAE
RITE SIBI VINDICANDO.
QVAM,
EXIGENTIBVS STATVTIS ACADEMICIS,
PVBLICE TVEBITVR
IMMANVEL KANT.
RESPONDENTIS MVNERE FVNG
MARCVS HERTZ

Ortus
Aurora

Was soll ich tun?
Kants Tagesablauf

Wecken

»Fünf Minuten vor fünf Uhr morgens, es mochte Sommer oder Winter sein, trat sein Diener Lampe in die Stube mit dem ernsten miltärischen Zuruf: ›Es ist Zeit!‹« *Wasianski*
»Pünktlich um fünf Uhr morgens machte er sich aus dem Bette. Der Diener hatte angemessenen Befehl, bei dem Wecken seines Herrn unerbittlich zu sein, wenn dieser auch etwa Bedürfnis oder Notwendigkeit längeren Schlafs vorschützen sollte.« *Jachmann*

Es ist Zeit!
»Unter keiner Bedingung, auch in dem seltenen Fall einer schlaflosen Nacht, zögerte Kant nur einen Augenblick, dem strengen Kommando den schnellsten Gehorsam zu leisten.« Wasianski

Morgenroutine

… Mit dem Schlage fünf saß Kant an seinem Teetische, trank, wie er es nannte, eine Tasse Tee, die er aber in Gedanken und um sie warm zu erhalten, so oft nachfüllte, dass wenigstens zwei, wo nicht mehrere, aus ihr wurden …
… Dabei rauchte er die einzige Pfeife für den ganzen Tag, mit einem zu diesem Behufe längst gebrauchten Hut auf dem Kopfe, und zwar mit solcher Schnelligkeit, dass ein glühender Aschekegel, den er mit dem gewöhnlichen Namen eines Holländers belegte, zurückbleiben musste.«
Wasianski

Arbeitszeit

»Kant bearbeitet dann bis zum Mittag diejenigen Werke, von denen ich oben sagte, dass er sie der Welt noch geben will.«
Borowski

Dreiviertel

… Er ging damit ins Speisezimmer, goss sich ihn selbst ein und umschlug das Glas mit einem Sedezblatt Papier, um das Verrauchen zu hindern. Seine Tischfreunde werden wissen, dass dieses ein wichtiges Geschäft für Kant war, das er keinem so leicht anvertrauet hätte, und das daher hier seinen Platz haben musste …
Es ist Dreiviertel!
… Nun erwartete Kant seine Gäste, auch noch in den spätesten Zeiten seines Lebens, völlig angekleidet. Bei Vorträgen, in dem Kreise seiner Vertrauten, auch am Tische im Schlafrock zu erscheinen, fand er unschicklich und sagte, man müsse sich nicht auf die faule Seite legen.« Wasianski

Mittags

»Seine gesellschaftlichen Gespräche aber wurden besonders anziehend durch die muntere Laune, mit welcher er sie führte, durch die witzigen Einfälle, mit welchen er sie ausschmückte, und durch die passenden Anekdoten, welche er dabei einstreute. In der Gesellschaft, wo Kant war, herrschte eine geschmackvolle Fröhlichkeit. Jedermann verließ sie bereichert mit Kenntnissen und neuen Ideen, zufrieden mit sich selbst und mit der Menschheit, gestärkt zu neuen Geschäften und gestimmt zur Beglückung seiner Mitmenschen …
Allein zu essen ist für einen philosophierenden Gelehrten ungesund. Der genießende Mensch, der im Denken während der einsamen Mahlzeit an sich selbst zehrt, verliert allmählich die Munterkeit.
Nun, meine Herren und Freunde, lassen Sie uns auch etwas sprechen! Was gibt's gutes Neues?

… Wie viel wir in seinen gesellschaftlichen Unterhaltungen für Herz und Kopf fanden, das können Sie schon daraus schließen, dass mehrere mir bekannte Männer seine Tischgespräche jedes Mal, ebenso wie vormals seine Vorlesungen, zu Hause aufzeichneten und ausarbeiteten. Soviel ich weiß, urteilen auch alle seine Freunde ganz einstimmig, dass sie nie einen interessanteren Gesellschafter gekannt haben als ihn.«
Jachmann
L. Petitot
à Berlin

Tafel
1.
»Des Senfes bediente er sich fast zu jeder Speise …
Senfkörner im Mörser fein mahlen
2.
Senfmehl mit Wasser, Essig und Gewürzen verrühren
Drei Tage ziehen lassen
3.
fertig!
… Kant aß nur einmal im Tag, und zwar zu Mittag, aber mit einem sehr starken Appetit. Den ganzen übrigen Tag genoss er nicht das Mindeste außer Wasser. Sein Tisch bestand aus drei Schüsseln, nebst einem Beisatz von Butter und Käse, und im Sommer noch von Gartenfrüchten …
… Die erste Schüssel enthielt jederzeit eine Fleisch-, größtenteils Kalbssuppe mit Reis, Graupen oder Haarnudeln. Er hatte die Gewohnheit, auf seinem Teller noch Semmel zur Suppe zu schneiden, um sie dadurch desto bündiger zu machen.
In der zweiten Schüssel wechselten trockenes Obst mit verschiedenen Beisätzen, durchgeschlagene Hülsenfrüchte und Fische miteinander ab.
In der dritten folgte ein Braten; ich erinnere mich aber nicht, jemals Wildbret bei ihm gegessen zu haben …
Suppe
Braten Brot

… Kant trank nichts anderes als Wein und Wasser. Das Biertrinken nannte er ein Essen, weil das Bier so viele nährende Teile enthält, dass die Liebhaber desselben sich dadurch sättigen und sich den Appetit zum Essen verderben …
Obst Butter Käse
Lieblingsspeise: Kabeljau
… Die Lieblingsspeise Kants war Kabeljau. Er versicherte mir eines Tages, als er schon völlig gesättigt war, dass er noch mit vielem Appetit einen tiefen Teller mit Kabeljau zu sich nehmen könnte.« *Jachmann*
Kalbssuppe mit Graupen
Roggenbrot zweimal gebacken

Nachmittagsspaziergang

»Mehrmals trafen wir ihn auf Familienspaziergängen in der Gegend des Holländer Baumes. Bekanntlich spazierte er fast täglich eine Zeit lang dahin und pflegte, um sich abzukühlen, auf einer Bank gegenüber dem Schiffsbauplatze etwas zu ruhen …

… Er schloss sich dann nach einer freundlichen Begrüßung meinem Vater an – ohne Aufforderung, also auch ohne Beschwerde für ihn, mit dem er langsam voranschritt und über den Wall nach dem Steindammer Tor ging …

… Er war stets sehr sauber gekleidet und sein tiefernstes Gesicht, sein zur Seite etwas gesenkter Kopf, sein regelmäßiger, doch nicht zu langsamer Schritt, zog ehrerbietiges Anschauen bei seiner Erscheinung auf sich …

… Die helle Sandfarbe seiner Kleidung, die später einer tieferen bräunlichen wich, durfte nicht auffallen; helle Farben aller Art waren damaligen Geschmacks, und Schwarz war den Begräbnissen und der Trauer vorbehalten.« *Reusch*

Besuch bei Green

… In der Gesellschaft dieses geistreichen, edelgesinnten und sonderbaren Mannes fand Kant so viel Nahrung für seinen Geist und für sein Herz, dass er sein täglicher Gesellschafter wurde und viele Jahre hindurch mehrere Stunden des Tages bei ihm zubrachte …
… Kant ging jeden Nachmittag hin, fand Green in einem Lehnstuhl schlafen, setzte sich neben ihn, hing seinen Gedanken nach und schlief auch ein; dann kam gewöhnlich Bankdirektor Ruffmann und tat ein Gleiches, bis endlich Motherby zu einer bestimmten Zeit ins Zimmer trat und die Gesellschaft weckte, die sich dann bis sieben Uhr mit den interessantesten Gesprächen unterhielt.« *Jachmann*

Abendruhe

»Diese Gesellschaft ging so pünktlich um sieben Uhr auseinander, dass ich öfters die Bewohner der Straße sagen hörte, es könne noch nicht sieben sein, weil der Professor Kant noch nicht vorbeigegangen wäre.« *Jachmann*

»Dann, zum Tagesschlusse, ist Kant mit Lektüre von allerhand Art und aus allen Fächern bis zum Glockenschlage zehn beschäftigt, da er sich dann, ohne jetzt je eine Ausnahme zu machen, dem Schlafe überlässt, der gegen ihn nie ganz ungetreu war.« Borowski
»Durch vieljährige Gewohnheit hatte er eine besondere Fertigkeit erlangt, sich in die Decken einzuhüllen. Beim Schlafengehen setzte er sich erst ins Bett, schwang sich mit Leichtigkeit hinein, zog den einen Zipfel der Decke über die eine Schulter unter dem Rücken durch bis zur andern und durch eine besondere Geschicklichkeit auch den andern unter sich und dann weiter bis auf den Leib. So eingepackt und gleichsam wie ein Kokon eingesponnen, erwartete er den Schlaf.« Jachmann
Ich gehe gewöhnlich mit einer nicht schweren Idee zu Bette, und mit dieser schlafe ich ein. Ich kann aber auch meiner Fantasie mich übergeben: aber dann machte sie mir eine schlaflose Nacht. Indessen kann ich ihr oft einen Streich spielen.
Wenn ich mich so ins Bett gelegt habe, so frage ich mich selbst: Kann ein Mensch gesünder sein als ich?

Liebe

»Gern möchte ich Sie jetzt von Kants Liebe unterhalten, aber ich kann stattdessen Ihnen bloß mein herzliches Bedauern mitteilen, dass von diesem so charakterisierenden Gefühl aus dem Leben des Weltweisen nie etwas zu meiner Kenntnis gekommen ist.« Jachmann
Liebe ist eine Sache der Empfindung, nicht des Wollens, und ich kann nicht lieben, weil ich will, noch weniger aber, weil ich soll; mithin ist eine Pflicht zu lieben ein Unding.
»Dass Kant in seiner Jugend geliebt habe, das möchte ich nach seinem Temperamente und nach seinem gefühlvollen Herzen beinahe mit völliger Gewissheit zu behaupten wagen. Wie sollte auch ein Mann, der so ein warmes Herz für Freundschaft hatte, nicht auch ein warmes Gefühl für Liebe gehegt haben? Ob aber seine erste Liebe sich keiner Gegenliebe zu erfreuen hatte, oder ob seine körperliche Beschaffenheit und sein entschiedener Hang nach metaphysischen Spekulationen und wissenschaftlichen Beschäftigungen ihm anrieten, der Ehe zu entsagen, dies muss ich unentschieden lassen.« Jachmann

»Ihm selbst waren die Aufmunterungen zum Heiraten sehr zuwider. Indessen verriet er, soviel ich weiß, zweimal in seinem Leben eine ernsthafte Absicht zum Heiraten; einmal traf der Gedanke eine gut gezogene, sanfte und schöne auswärtige Witwe, die hier Anverwandte besuchte. Er leugnete nicht, dass es eine Frau wäre, mit der er gerne leben würde; berechnete Einnahme und Ausgabe; und schob die Entschließung einen Tag nach dem andern auf. Die schöne Witwe besuchte auch Freunde im Oberlande, und ward daselbst anderweitig verheiratet. Das zweite Mal rührte ihn ein hübsches westfälisches Mädchen, welches von einer adligen Dame, die Besitzungen in Preußen hatte, als Reisegesellschafterin mitgebracht war; Kant war mit dieser artigen, zugleich häuslich erzogenen Person gerne in Gesellschaft, säumte aber wieder sehr mit seinen Anträgen. Von der Zeit ab wurde nicht mehr an heiraten gedacht. Loben mag ich meinen Freund nicht, er war aber ein außerordentlicher, über alles Lob erhabener Mann.« *Heilsberg*
Hierwider möchte ich doch die Beobachtung anführen: dass unverehelichte (oder jung verwitwete) alte Männer mehrenteils länger ein jugendliches Aussehen erhalten als verehelichte, welches doch auf eine längere Lebensdauer zu deuten scheint. Sollten wohl die Letztern an ihren härteren Gesichtszügen den Zustand eines getragenen Jochs, nämlich das frühere Altwerden, verraten, welches auf ein kürzeres Lebensziel hindeutet?

Ruhe

»Ich habe ihn in sechs Wohnungen gekannt und gesprochen. Als er Magister ward, wohnte er in der Magistergasse nach dem Pregel hin …
… wo freilich das Geräusch, das von den Schiffen herkam, ihm gar nicht recht war; er konnte es indessen damals nicht abändern. Eine Zeit lang wohnte er bei dem Direktor Kanter, aus dessen Hause ihn aber ein Nachbar vertrieb, der auf dem Hofe einen Hahn hielt, dessen Krähen unseren Kant im Gange seiner Meditationen zu oft unterbrach. Für jeden Preis wollte er dieses laute Tier ihm abkaufen und sich dadurch Ruhe verschaffen, aber es gelang ihm bei dem Eigensinn des Nachbarn nicht, dem es gar nicht begreiflich war, wie ein Hahn einen Weisen stören könnte. Kant wich also aus.« *Borowski*

»Als mit der Zeit im Garten seines Nachbarn einige Pappeln so hoch emporwuchsen, dass sie den Turm verdeckten, wurde er darüber unruhig und gestört in seinem Nachdenken. Er wünschte daher, dass diese Pappeln gekappt werden möchten. Zum Glück war der Eigentümer des Gartens ein gutdenkender Mann, der für Kant Liebe und Hochachtung hatte und außerdem mit ihm in näheren Verbindungen stand. Er opferte ihm daher die Wipfel seiner Pappeln, sodass der Turm wieder sichtbar wurde und Kant bei dessen Anblick wieder ungestört nachdenken konnte.« Jachmann
Ich denke nicht, dass sie zu klagen Ursache haben würden, als ob ihr Seelenheil Gefahr liefe, wenngleich ihre Stimme beim Singen dahin gemäßigt würde, dass sie sich selbst bei zugemachten Fenstern hören konnten. Das Zeugnis, um welches ihnen wohl eigentlich zu tun scheint, als ob sie sehr gottesfürchtige Leute wären, können sie dessen ungeachtet doch bekommen.
»Zuletzt erkaufte er sich in einer ziemlich geräuschlosen Gegend der Stadt nahe dem Schlosse ein Haus, wobei ein kleiner Garten war und welches ihm, bei seinen hierin sehr mäßigen Wünschen, genügte. Bloß das Singen in einem unweit davon liegenden Gefängnis verleidete ihm auch hier manche Augenblicke. Er wollte bei der Polizei auf die Abstellung des Unfuges, wie er dieses Singen nannte, wirken. Es ging nicht ganz, wie er es wünschte, doch richtete er so viel aus, dass die Gefangenen angehalten wurden, bei verschlossenen Fenstern ihre Sangeslust zu treiben.« Borowski

Zu Hause

»Das Haus selbst, welches acht Stuben in sich fasste, war für seine Lebensart bequem eingerichtet. Im unteren Stock war auf dem einen Flügel sein Hörsaal, auf dem anderen die Wohnung seiner alten Köchin; im oberen Stockwerk auf dem einen Flügel sein Esssaal, seine Bibliothek und Schlafstube, auf dem anderen sein Visitenzimmer und seine Studierstube. In einer kleinen Dachstube wohnte sein Bedienter. Die Studierstube lag nach Osten und hatte freie Aussicht über mehrere Gärten. Es war ein angenehmer Aufenthalt, wo der Denker ruhig und ungestört seinen Ideen nachhängen konnte.«
Jachmann

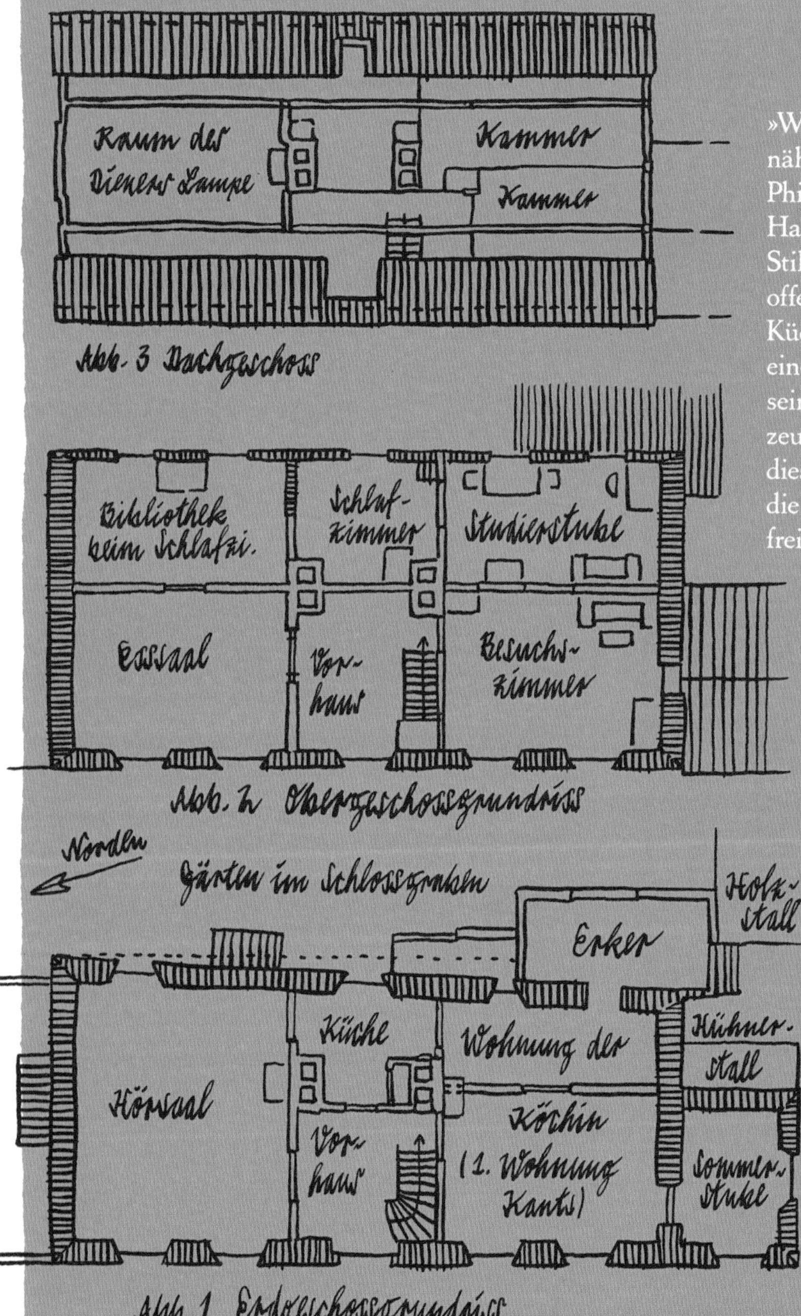

Abb. 3 Dachgeschoss

Abb. 2 Obergeschossgrundriss

Abb. 1 Erdgeschossgrundriss

»Wenn man sich seinem Hause näherte, so kündigte alles einen Philosophen an. Trat man in das Haus, so herrschte eine friedliche Stille, und hätte einen nicht die offene und nach Essen riechende Küche, ein bellender Hund oder eine mauende Katze, Lieblinge seiner Köchin, eines anderen überzeugt, so hätte man denken sollen, dies Haus sei unbewohnt. Stieg man die Treppe hinauf, so zeigte sich freilich rechts der beim Tischdecken geschäftige Bediente; jedoch ging man links durch das ganz einfache, unverzierte, zum Teil räucherige Vorhaus in ein größeres Zimmer, das die Putzstube vorstellte, aber keine Pracht zeigte. Und so drang man durch eine ganz einfache, armselige Tür in das ebenso ärmliche Sans-Souci, zu dessen Betretung man beim Anpochen durch ein frohes ›Herein!‹ eingeladen wurde. (Wie schlug mir das Herz, als dies das erste Mal geschah.) Das ganze Zimmer atmete Einfachheit und stille Abgeschiedenheit vom Geräusche der Stadt und der Welt.«
Hasse

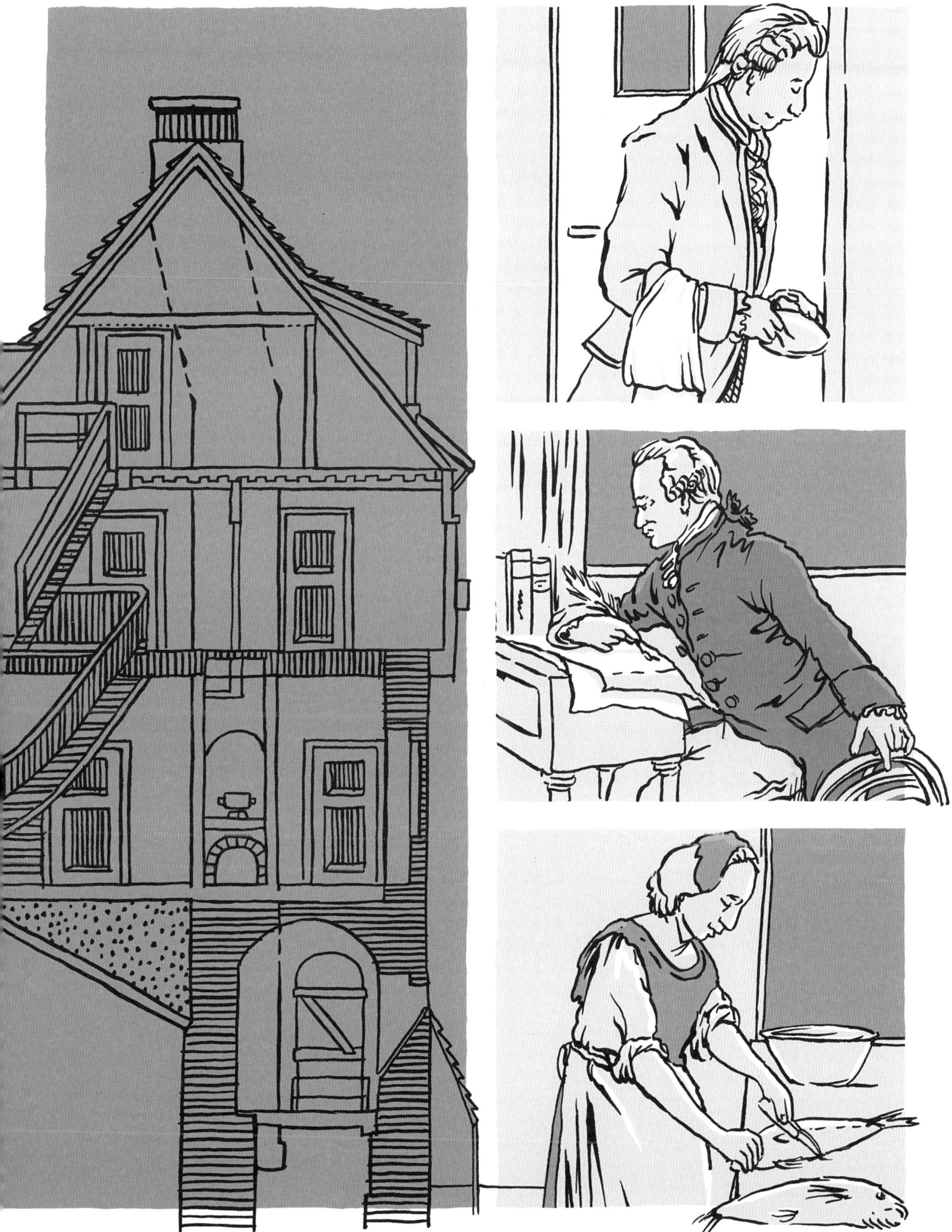

11
14
57
11
11
15
46
4
14
21
17
25
15
11
9
8
20
7
17
23
12
41
26
41
16
19
22
5
25
7
38
10
17
24
11
13
7
7
23
13
15
16
5
25
8
8
76
3
19
25
18
83
25
27
6
6
87
24
4
0
22
10
6
24
63
18
9
6
49
3
5
57
15
16
7
8
7
59
5
8

Was kann ich wissen?

Worum es Kant in seiner Philosophie ging

Metaphysik

Ab 1770 entwickelt Kant sein philosophisches Hauptwerk. Im Wesentlichen beschäftigt ihn die Frage danach, was in der sichtbaren Wirklichkeit und hinter dieser das eigentlich Wirksame ist – nach dem Unbedingten in allem Bedingten und jenseits alles Bedingten. Sein Denken richtet sich darauf, über das unmittelbar Gegebene hinauszufragen. Als erstes wichtiges Ergebnis seiner Arbeit wird 1781 seine KRITIK DER REINEN VERNUNFT erscheinen.

Die Metaphysik, in welche ich das Schicksal habe verliebt zu sein, leistet zweierlei Vorteile. Der erste ist, denen Aufgaben ein Genüge zu tun, die das forschende Gemüt aufwirft, wenn es verborgeneren Eigenschaften der Dinge durch Vernunft nachspäht.
Der andere Vorteil ist der Natur des menschlichen Verstands mehr angemessen und besteht darin, einzusehen, ob die Aufgabe aus demjenigen, was man wissen kann, auch bestimmt sei, und welches Verhältnis die Frage zu denen Erfahrungsbegriffen habe, darauf sich alle unsere Urteile jederzeit stützen müssen. Insofern ist die Metaphysik eine Wissenschaft von den Grenzen der menschlichen Vernunft.

Kant
Zeitung
»Ewiger Zirkel von Zweideutigkeiten und Widersprüchen«
Abgrund für die menschliche Vernunft
»Skandal«
Auftritte des Zwiespalts und der Zerrüttung
»Kants metaphysische Untersuchungen erweisen sich zunächst als ›ein bloßes Herumtappen‹. Bedingt durch die Begrenztheit des menschlichen Verstands könne man zu keinen gesicherten Erkenntnissen kommen.« Weischedel

Wir haben jetzt das Land des reinen Verstands durchreist, umgeben von einem weiten und stürmischen Ozeane, wo manche Nebelbank und manches bald wegschmelzende Eis neue Länder lügt und den herumschwärmenden Seefahrer unaufhörlich mit leeren Hoffnungen täuscht, ihn in Abenteuer verflechtet, von denen er niemals ablassen und sie doch auch niemals zu Ende bringen kann.

Reine Vernunft

Kant will verstehen, worin die Grenzen des menschlichen Verstands (wie er die naturwissenschaftliche Vernunft nennt) begründet liegen, und prüft das »Gewebe der menschlichen Erkenntnis«.

Dabei stellt er zunächst fest, dass das Erkennen der Wirklichkeit zu wesentlichen Teilen aus den Zugaben des erkennenden Menschen besteht:

Was wir wahrnehmen, sind immer räumlich ausgedehnte Dinge, die sich in der Zeit abspielen. Raum und Zeit existieren aber nicht an sich, sondern gehören zu unseren Wahrnehmungs- und Denkformen. Mit diesen erfahren wir unsere Umwelt und nehmen dadurch aktiv Einfluss auf unsere Erkenntnis.

Kant gelingt im Blick auf das Verhältnis von Gegenstand (unsere Umwelt) und Subjekt der Erkenntnis (Mensch) eine für seine Zeit revolutionäre Wendung: Die Erkenntnis geht nicht von den Dingen aus, die im Menschen Veränderungen hervorrufen, sondern umgekehrt vom Menschen, der die Dinge mit den Formen seines Verstands anschaut. Kant mahnt eine »Umänderung der Denkart« an, so wie bei Kopernikus in der Kosmologie.

Gleichzeitig zeigt sich für Kant hier auch der Grund dafür, dass die menschlichen Bemühungen, über oder hinter den eigenen Erkenntnishorizont hinaus zu denken, scheitern müssen:

Wir können die Welt nur erkennen, wie sie für uns *erscheint*, nicht, wie sie *an sich* ist. Für eine naturwissenschaftliche Betrachtung der Welt reicht diese Erkenntnis. Für die Klärung der metaphysischen Fragen nach übergeordneten Dingen wie Gott, Unsterblichkeit oder Freiheit muss Kant weiterforschen.

Die menschliche Vernunft hat das besondere Schicksal in einer Gattung ihrer Erkenntnisse: dass sie durch Fragen belästigt wird, die sie nicht abweisen kann, denn sie sind ihr durch die Natur der Vernunft selbst aufgegeben, die sie aber auch nicht beantworten kann, denn sie übersteigen alles Vermögen der menschlichen Vernunft. Bisher nahm man an, alle unsere Erkenntnis müsse sich nach den Gegenständen richten; aber alle Versuche gingen unter dieser Voraussetzung zunichte. Man versuche es daher einmal, ob wir nicht besser fortkommen, wenn wir annehmen, die Gegenstände müssen sich nach unserer Erkenntnis richten. Es ist hiermit ebenso bewandt wie mit den ersten Gedanken des Kopernikus, der, nachdem es mit der Erklärung der Himmelsbewegungen nicht gut fort wollte, wenn er annahm, das ganze Sternheer drehe sich um den Zuschauer, versuchte, ob es nicht besser gelingen möchte, wenn er den Zuschauer sich drehen und dagegen die Sterne in Ruhe ließ.

Der gute Wille

Kant ist davon überzeugt, dass der Mensch vom Grunde seines Wesens her dazu getrieben wird, über sich und die endliche Welt hinauszufragen. Er hält es für unverzichtbar, dem auch nachzugehen.

Neben dem wahrnehmenden, »empirischen Ich« identifiziert Kant die Fähigkeit des Menschen, den übergeordneten Standpunkt eines »transzendentalen Ichs« einzunehmen. Dies erlaubt ihm, Aussagen zu treffen, die sich nicht mit Gegenständen, sondern mit unserer Erkenntnisart von Gegenständen überhaupt beschäftigen und die über den individuellen Standpunkt des einzelnen Menschen hinausgehen. Solche Aussagen sind allgemeingültig und für jeden Menschen nachvollziehbar.

Dank seines Vorstellungsvermögens ist der Mensch außerdem in der Lage, Wahrgenommenes zu reflektieren, zu abstrahieren und unabhängig von der Wahrnehmung Hypothesen zu bilden, die er dann überprüfen kann. Er kann so Ideen entwickeln.

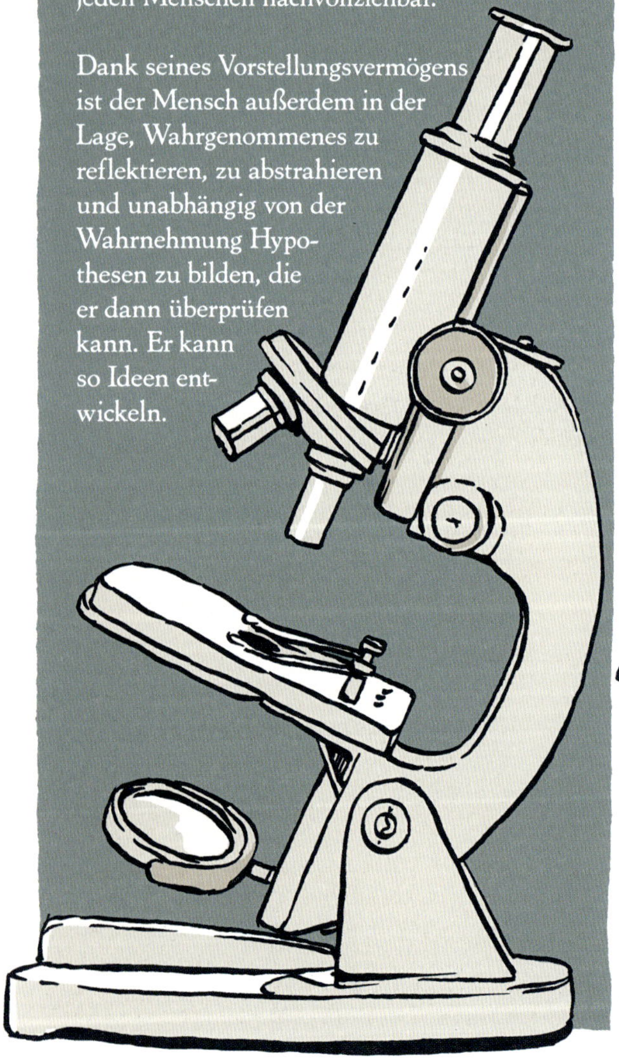

Praktisch *gut* ist aber, was vermittelst der Vorstellung der Vernunft, mithin nicht aus subjektiven Ursachen, sondern objektiv, d. i. aus Gründen, die für jedes vernünftige Wesen, als ein solches, gültig sind, den Willen bestimmt.

Daher gelten für den *göttlichen* und überhaupt für einen *heiligen* Willen keine Imperative; das *Sollen* ist hier am unrechten Orte, weil das *Wollen* schon von selbst mit dem Gesetz notwendig einstimmig ist.

Es ist überall nichts in der Welt, ja überhaupt auch außerhalb derselben zu denken möglich, was ohne Einschränkung für gut könnte gehalten werden, als allein ein guter Wille.
Ideen als Teil unseres Verstands haben für Kant die Größe, über die Ist-Welt unserer Umgebung hinauszuweisen. Sie sind keine Quelle der Erkenntnis, sondern Leitlinien, die unserem Denken als Orientierung dienen können.
Zentral für Kants Ethik ist die Idee des Guten: Das Gute ist keine Tatsache, sondern eine »regulative Idee« des Menschen: Es *ist* nicht – es *soll sein*.

Der kategorische Imperativ

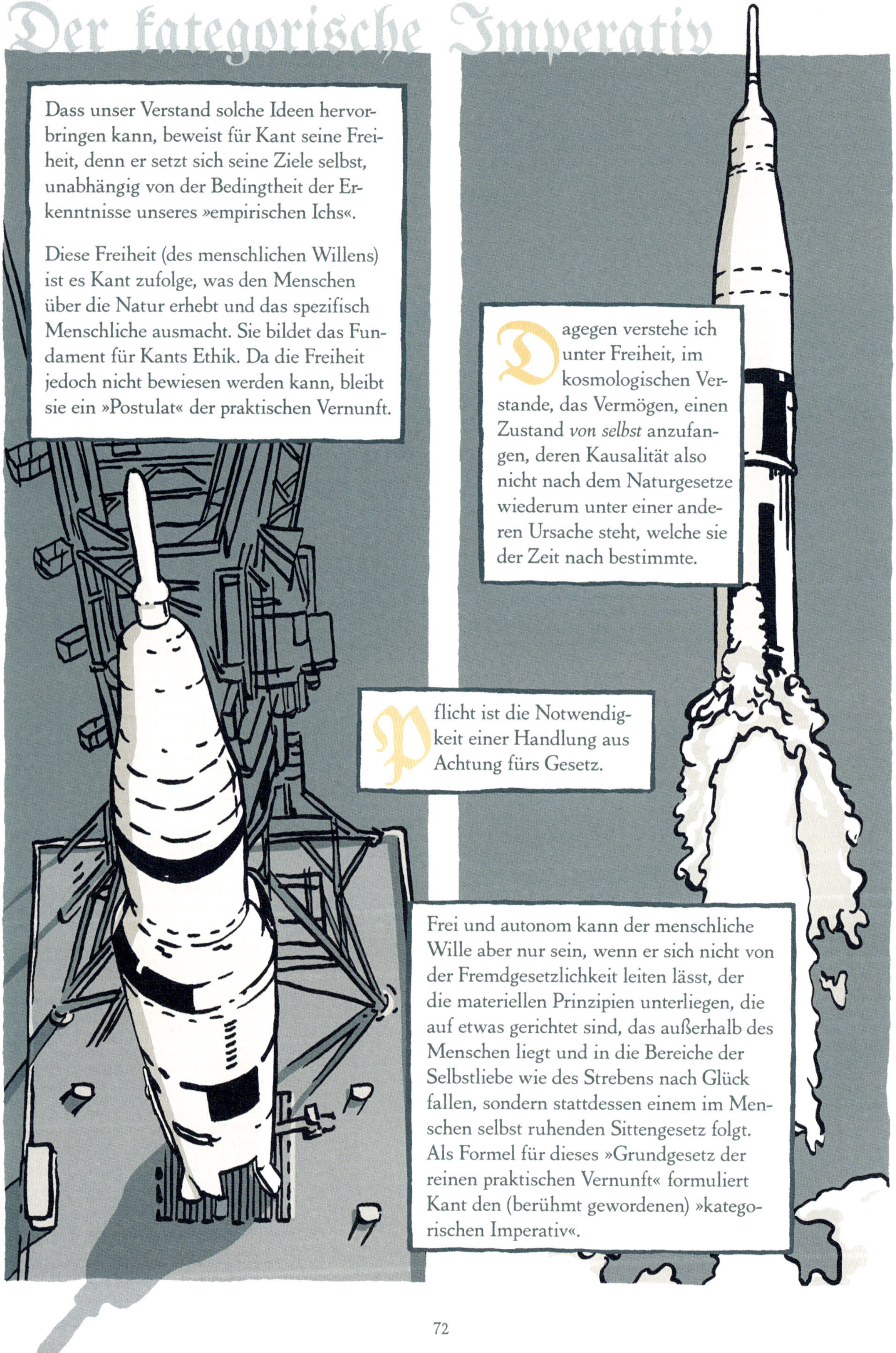

Der gute Wille ist nicht durch das, was er bewirkt oder ausrichtet, nicht durch seine Tauglichkeit zu Erreichung irgendeines vorgesetzten Zweckes, sondern allein durch das Wollen an sich, gut, und für sich selbst betrachtet ohne Vergleich weit höher zu schätzen als alles, was durch ihn zugunsten irgendeiner Neigung, ja, wenn man will, der Summe aller Neigungen, nur immer zustande gebracht werden könnte.

Wenngleich durch eine besondere Ungunst des Schicksals, oder durch kärgliche Ausstattung einer stiefmütterlichen Natur es diesem Willen gänzlich an Vermögen fehlte, seine Absicht durchzusetzen; wenn bei seiner größten Bestrebung dennoch nichts von ihm ausgerichtet würde, und nur der gute Wille (freilich nicht etwa als ein bloßer Wunsch, sondern als die Aufbietung aller Mittel, soweit sie in unserer Gewalt sind) übrig bliebe: so würde er wie ein Juwel doch für sich selbst glänzen, als etwas, das seinen vollen Wert in sich selbst hat. Die Nützlichkeit oder Fruchtlosigkeit kann diesem Werte weder etwas zusetzen, noch abnehmen.

Was ich also zu tun habe, damit mein Wollen sittlich gut sei, dazu brauche ich gar keine weit ausholende Scharfsinnigkeit. Unerfahren in Ansehung des Weltlaufs, unfähig, auf alle sich ereignenden Vorfälle desselben gefasst zu sein, frage ich mich nur: Kannst du auch wollen, dass deine Maxime ein allgemeines Gesetz werde?

Der kategorische Imperativ ist also nur ein einziger und zwar dieser:

Handle nur nach derjenigen Maxime, durch die du zugleich wollen kannst, dass sie ein allgemeines Gesetz werde.

Praktische Vernunft

Mit der Freiheit, die den Menschen auszeichnet, sind auch die Pflicht und der Auftrag verbunden, sie im Sinne der Ideen/ Ideale zu nutzen.
Die Laster, als die Brut gesetzwidriger Gesinnungen, sind die Ungeheuer, die der Mensch zu bekämpfen hat: weshalb auch diese sittliche Stärke als Tapferkeit die größte und einzige wahre Kriegsehre des Menschen ausmacht.
Es ist Pflicht, sowohl gegen sich selbst, als auch gegen andere, mit seinen sittlichen Vollkommenheiten untereinander Verkehr zu treiben, sich nicht zu isolieren; zwar sich einen unbeweglichen Mittelpunkt seiner Grundsätze zu machen, aber diesen um sich gezogenen Kreis doch auch als einen, der den Teil von einem allbefassenden, der weltbürgerlichen Gesinnung, ausmacht, anzusehen.
Erkenne (erforsche, ergründe) dich selbst nicht nach deiner physischen Vollkommenheit (der Tauglichkeit oder Untauglichkeit zu allerlei dir beliebigem oder auch gebotenem Zwecke), sondern nach der moralischen, in Beziehung auf deine Pflicht – dein Herz –, ob es gut oder böse sei.
Handle so, dass du die Menschheit, sowohl in deiner Person, als in der Person eines jeden anderen jederzeit zugleich als Zweck, niemals bloß als Mittel brauchst.
Die Pflicht gegen sich selbst besteht darin, dass der Mensch die Würde der Menschheit in seiner eigenen Person bewahre. Dankbarkeit ist Pflicht. Teilnehmende Empfindung ist überhaupt Pflicht.

Tugendlehre

Aufklärung ist der Ausgang des Menschen aus seiner selbst verschuldeten Unmündigkeit.
Zu dieser Aufklärung aber wird nichts erfordert als Freiheit; und zwar die unschädlichste unter allem, was nur Freiheit heißen mag, nämlich die: von seiner Vernunft in allen Stücken öffentlichen Gebrauch zu machen. Nun höre ich aber von allen Seiten rufen: räsoniert nicht! Der Offizier sagt: räsoniert nicht, sondern exerziert! Der Finanzrat: räsoniert nicht, sondern bezahlt! Der Geistliche: räsoniert nicht, sondern glaubt! (Nur ein einziger Herr in der Welt sagt: räsoniert, so viel ihr wollt, und worüber ihr wollt; aber gehorcht!) Hier ist überall Einschränkung der Freiheit.
Ich antworte: der öffentliche Gebrauch seiner Vernunft muss jederzeit frei sein, und der allein kann Aufklärung unter Menschen zustande bringen;
Sapere aude! (Habe Mut, dich deines eigenen Verstands zu bedienen!) ist also der Wahlspruch der Aufklärung.
Sapere aude!
Friedrich Schiller urteilte 1793 diesbezüglich in einem Brief an Gottfried Körner: »Es ist gewiss von einem sterblichen Menschen kein größeres Wort noch gesprochen worden als dieses Kantische, was zugleich der Inhalt seiner ganzen Philosophie ist: Bestimme dich aus dir selbst!«
Bestimme dich aus dir selbst!

Vollendung der Aufklärung

Rationalismus (Descartes/ Leibniz): Nicht die Wahrnehmung, sondern das Denken ist die Quelle der Erkenntnis.
Empirismus (Locke/ Newton): Ausgehend von sinnlicher Wahrnehmung wird durch Erfahrung Erkenntnis gewonnen.
Nichts ist im Verstand, was nicht vorher in den Sinnen gewesen ist.
John Locke

Kritik der Urteilskraft

Nachdem Kant sich in den beiden ersten Kritiken mit dem Erkennen und Wollen des Menschen beschäftigt hat, wendet er sich in KRITIK DER URTEILSKRAFT der Ästhetik bzw. Kunst zu. Die Aufgabe dieser dritten Kritik besteht darin, die Vermittlung zwischen Natur (Gegenstand der theoretischen Vernunft) und Freiheit (Gegenstand der praktischen Vernunft) zu leisten und so das Gebäude der kritischen Philosophie zu vollenden. Diese vermittelnde Instanz liegt für Kant in der Urteilskraft, die das Besondere im Allgemeinen erkennt.

Kant stellt auch im Hinblick auf das Schöne die Frage, unter welchen Bedingungen der Mensch dieses erkennen kann und ob ein allgemeingültiges Geschmacksurteil möglich ist. Er kommt dabei zu dem Schluss, dass das Schöne nur subjektiv als solches wahrgenommen werden kann.

Die Kunst nimmt eine Mittelstellung zwischen Naturerkenntnis (reine Vernunft) und Ethik (praktische Vernunft) ein: Sie ist im Sinn unseres transzendentalen Ichs schöpferisches Werk unseres Verstands. Sie ist erfahrbar wie die Natur. Sie ist wie unser von Idealen/ Ideen geleitetes moralisches Handeln aber auch aus der Freiheit geboren, da wir auch ihr Ziel selbst setzen.

1 Urteilskraft Kunst Gefühl der Lust & Unlust
2 Verstand Erfahrung Natur Erkenntnisvermögen
3 Vernunft Freiheit Begehrungsvermögen : Wille

Zur schönen Kunst sind nun Einbildungskraft, Verstand, Geist und Geschmack erforderlich. Die drei ersteren Vermögen bekommen durch das vierte erst ihre Vereinigung.
Unter allen behauptet die Dichtkunst (die fast gänzlich dem Genie ihren Ursprung verdankt, und am wenigsten durch Vorschrift, oder durch Beispiele geleitet sein will) den obersten Rang.
Schiller und Goethe sind begeisterte Anhänger Kants.
»Seine [Kants] KRITIK DER URTEILSKRAFT, die ich mir selbst angeschafft habe, reißt mich hin durch ihren neuen lichtvollen geistreichen Inhalt und hat mir das größte Verlangen beigebracht, mich nach und nach in seine Philosophie hineinzuarbeiten.« Schiller
»Es ist ein grenzenloses Verdienst unseres alten Kant um die Welt, und ich darf sagen, auch um mich, dass er in seiner KRITIK DER URTEILSKRAFT Kunst und Natur nebeneinander stellt und beiden das Recht gibt, aus großen Prinzipien zwecklos zu handeln.« Goethe
»Von den übrigen Künsten schien Kant mehr Liebhaber als Kenner zu sein. Den wenigsten Sinn hatte er für Musik, obgleich er doch bisweilen Konzerte großer Meister besucht hat. Er selbst spielte kein Instrument, auch riet er keinem, der sich den Wissenschaften widmete, zur Musik an, weil man durch sie zu leicht von wissenschaftlichen Beschäftigungen abgehalten.« Jachmann

Französische Revolution

Das eindrücklichste politische Ereignis zu Kants Lebzeiten, zu dem die Ideen und Strömungen der Aufklärung wesentlich beitrugen, war die 1789 einsetzende Französische Revolution. Kant fand im Kampf für bürgerliche Freiheit und das Repräsentativsystem viele seiner Vorstellungen von Recht und Moral wieder, sympathisierte deshalb mit der Revolution und trat auch dann noch für sie ein, als sich viele Zeitgenossen aufgrund des Terrors von ihr abwandten.

»Dass Kant an der Französischen Revolution, wie alle anderen denkenden und nicht denkenden Männer, sehr warmen Anteil nahm, kann man sich leicht vorstellen. Sie machte einen der wesentlichsten Gegenstände der täglichen Unterhaltung aus.« *Rink*

Vernunft
Erfahrung
Freiheit
Fraternité
Egalité
Liberté
»Zur Zeit der Französischen Revolution verlor sein Gespräch etwas an Mannigfaltigkeit und Reichhaltigkeit. Die große Begebenheit beschäftigte seine Seele so sehr, dass er in Gesellschaften fast immer auf sie, wenigstens auf Politik, zurückkam; wobei er es freilich nie an neuen lehrreichen Bemerkungen über den Gang der Sache und über die Charaktere der mithandelnden Personen fehlen ließ.« Jachmann

Kants Religionsschriften

Kant postuliert die Existenz Gottes:
Also ist die oberste Ursache der Natur, sofern sie zum höchsten Gute vorausgesetzt werden muss, ein Wesen, das durch *Verstand* und *Willen* die Ursache (folglich der Urheber) der Natur ist, d. i. GOTT.
»Mit Kants schädlichen Schriften muss es auch nicht länger fortgehen.« *Friedrich Wilhelm II.*
Kant stellt in seinen religionsphilosophischen Schriften fest, dass für ihn im Zentrum der Religion nicht der Glaube an ein höheres Wesen steht, verbunden mit Fremdbestimmtheit, Unterwerfung und Gewissenzwang für den Menschen, sondern der umfassende Wille zum Guten im Menschen, das sich in der Natur beständig verwirklicht.
Kants Ansichten widersprachen den Zielen des Religionsedikts, das um das verschärfende Zensuredikt ergänzt wurde.
Friedrich Wilhelm II. Neffe Friedrich des Großen
»Es soll niemanden der mindeste Gewissenszwang zu keiner Zeit angetan werden, solange ein jeder ruhig als ein guter Bürger des Staates seine Pflicht erfüllet, seine jedesmalige besondere Meinung aber für sich behält, und sich sorgfältig hütet, solche nicht auszubreiten oder andere dazu zu überreden, und in ihrem Glauben irre oder wankend zu machen.« *Woellner*

Das Ende aller Dinge

KÖNIGLICHE KABINETTSORDER AN DEN »WÜRDIGEN UND HOCHGELEHRTEN UNSEREN PROFESSOR, AUCH LIEBEN, GETREUEN KANT«

Unsern gnädigen Gruß zuvor.

Würdiger und hochgelehrter, lieber Getreuer! Unsere höchste Person hat schon seit geraumer Zeit mit großem Missfallen ersehen, wie Ihr Eure Philosophie zu Entstellung und Herabwürdigung mancher Haupt- und Grundlehren der heiligen Schrift und des Christentums missbraucht; wie Ihr dieses namentlich in Eurem Buch RELIGION INNERHALB DER GRENZEN DER BLOSSEN VERNUNFT, desgleichen in anderen, kleineren Abhandlungen getan habt. Wir haben Uns zu Euch eines Besseren versehen, da Ihr selbst einsehen müsset, wie unverantwortlich Ihr dadurch gegen Eure Pflicht als Lehrer der Jugend und gegen Unsere Euch sehr wohl bekannte landesväterlichen Absichten handelt. Wir verlangen Eure gewissenhafteste Verantwortung und gewärtigen Uns von Euch bei Vermeidung Unserer höchsten Ungnade, dass Ihr Euch künftighin nichts dergleichen werdet zuschulden kommen lassen, sondern vielmehr Euer Ansehen und Eure Talente dazu anwenden, dass Unsere landesväterliche Intention je mehr und mehr erreicht werde; widrigenfalls Ihr Euch bei fortgesetzter Renitenz unfehlbar unangenehmer Verfügungen zu gewärtigen habt.

Sind Euch mit Gnade gewogen.

Berlin, den 1. Oktober 1794

Indem Kant als Reaktion auf die Order ein Schweigeversprechen »die Religion betreffend« ablegt, entgeht er schließlich der Amtsenthebung. Um seiner Gewissenhaftigkeit halber sich selbst und seinen Idealen gegenüber allerdings mit dem Zusatz, dass »ich nicht der Freiheit meines Urteils in diesem Religionsprozess auf immer, sondern nur — so lange Se. Maj. am Leben wäre, entsagte«.

Kants letzte von ihm selbst herausgegebene Schrift ist DER STREIT DER FAKULTÄTEN, die 1798 nach dem Tod von Friedrich Wilhelm II. und der Entlassung Woellners erscheint. Kant nimmt sowohl die Kabinettsorder wie auch seine Antwort in sein Vorwort auf und nutzt die wiedergewonnene Möglichkeit, seine kritischen Ansichten zu Kirche und Staat frei zu äußern. Gleichzeitig dankt er der neuen »aufgeklärten« Regierung von Friedrich Wilhelm III. im Vertrauen darauf, dass diese »das Fortschreiten der Kultur im Felde der Wissenschaften wider alle neue Eingriffe der Obskuranten sichern wird«.

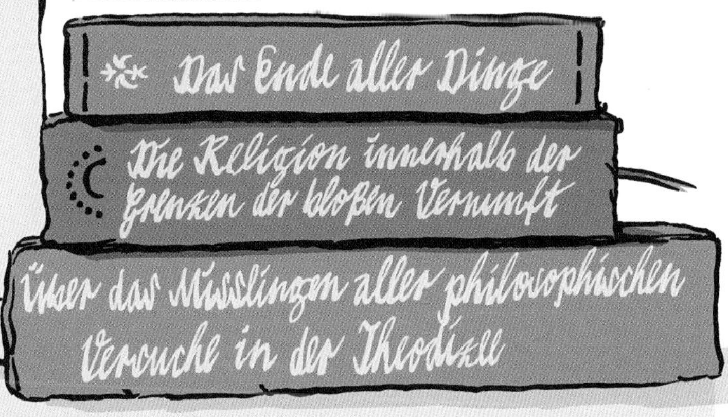

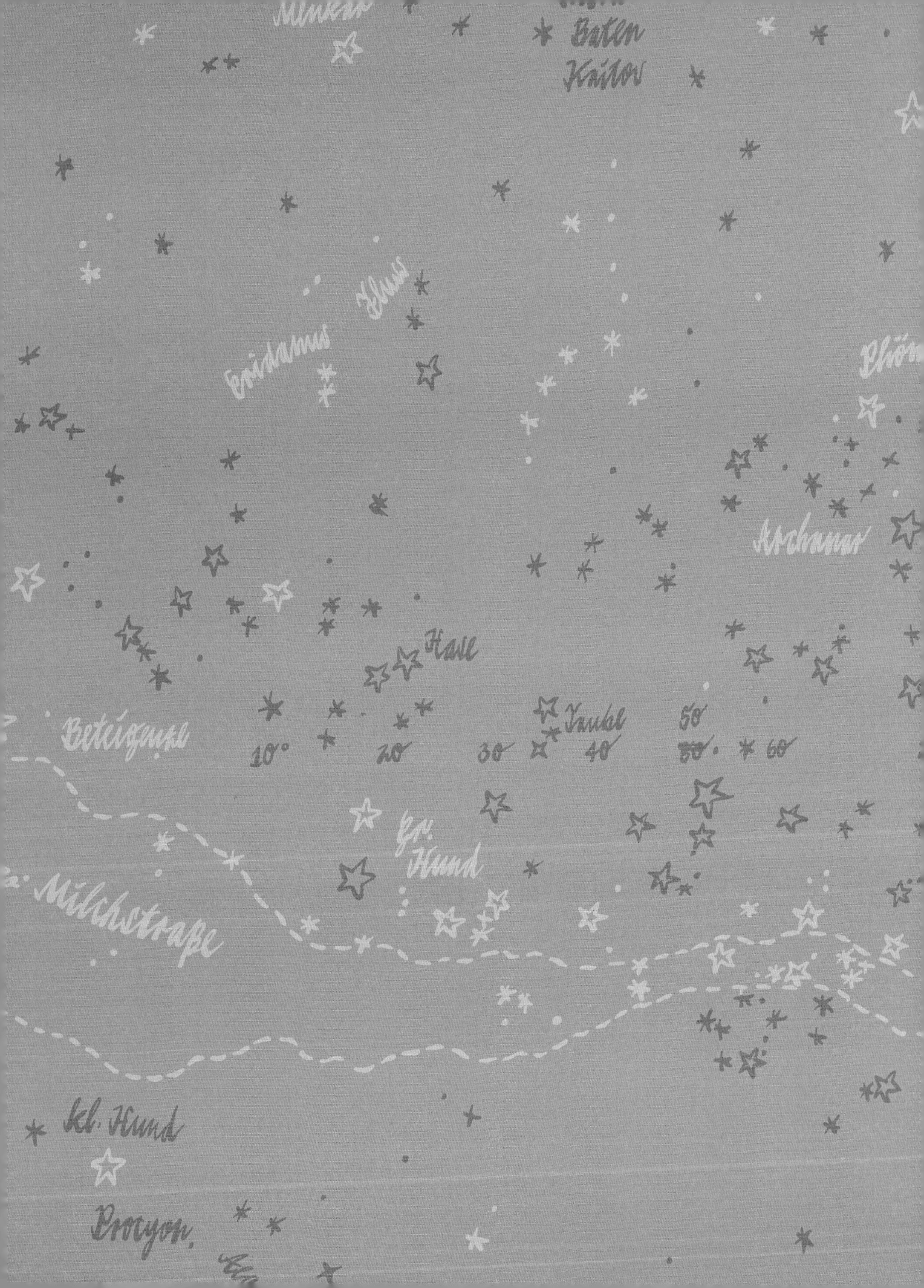
Baten
Kaitos
Eridanus
Fluss
Archenar
Hase
Beteigeuze
Taube
10°
20
30
40
50
60
gr.
Hund
Milchstraße
Kl. Hund
Procyon.

Was darf ich hoffen?

Kants Lebensende und Vermächtnis

Abschied

Schon seit dem Wintersemester 1795/1796 beendet Kant seine Vorlesungen früher als vorher und zieht sich auch von der Arbeit als Rektor und Dekan zurück.
Logik
Im Juli 1796 hält er seine letzte Vorlesung.
1796
Julius
23
Samstag
Ich bin schon so ziemlich alt und habe nicht mehr die Leichtigkeit, mich zu Arbeiten von verschiedener Art so geschwinde umzustimmen, wie ehedem.
»Er lehrte mit unbeschreiblichem Beifall den Staat und die Menschheit heilbringende Weisheit, bis seinem Unterricht im Jahre 1794 Schranken gesetzt wurden, worauf sich Kant (im Gefühl seiner Altersschwäche als Lehrer, als Schriftsteller und als Mensch) von dem großen Schauplatz, auf welchem er bis dahin so tätig gewirkt hatte, ganz in seine stille Einsamkeit zurückzog.« Jachmann
Kant
Kant

»Allmählich schlichen sich nun bei ihm die Schwächen des Alters ein, und die Spuren derselben waren auf mehr als eine Art bemerkbar. Es schien, als ob das, was Kants ganzes Leben hindurch ein Fehler an ihm, obgleich im unmerklichen Grade gewesen, nämlich, eine besondere Art von Vergesssamkeit in Dingen des gemeinen Lebens, nun mit den Jahren einen höheren Grad erreicht hätte. Was früher sich seltener ereignete, traf nun im Alter öfter ein. Er fing an, seine Erzählungen mehr als einmal an einem Tage zu wiederholen …
… Er selbst merkte die Abnahme seines Gedächtnisses und schrieb daher zur Vermeidung der Wiederholung und aus Vorsorge für die Mannigfaltigkeit der Unterhaltung sich die Themata dazu auf kleine Zettel, Briefkuverte und abgerissene unförmliche Papierchen auf, deren Anzahl zuletzt so angewachsen war, dass der verlangte Zettel gemeiniglich nur schwer gefunden werden konnte. Zur Probe liefere ich einen derselben, so wie ich ihn ohne Auswahl ergreife, und schreibe, nach Weglassung dessen, was sich entweder auf seine Küche bezieht, oder doch nicht fürs Publikum gehört, wörtlich die kurzen, abgebrochenen Sätze hin.« Wasianski
»Stickstoffsäure ist eine bessere Benennung als Salpetersäure. Requisita der Gesundheit. Clerici, Laici. Jene Regulares, diese Seculares. Von der ehemaligen Belehrung meiner Schüler, Schnupfen und Husten gänzlich zu verbannen (Respiration durch die Nase). Das Wort Fußstapfen ist falsch; es muß heißen Fußtappen. Der Stickstoff Azelot
Kant
Kant
1797 wird Kant von der studentischen Jugend vor seinem Haus verabschiedet.

Letzte Jahre, letzte Worte

»Im Dezember 1803 konnte er kaum seinen Namen mehr schreiben. Er sah so schlecht, dass er den Löffel nicht mehr fand.« *Wasianski, Dezember 1803*

»Im Jan. 1804 konnte er nur noch wenig genießen, fand alles zu hart und geschmacklos, musste sich von seinem Bedienten alles vorschneiden, klein machen und reichen lassen, lallte nur noch am Tische (im Bette sprach er deutlicher), ging vom Tische gleich zu Bette, brachte aber die Nacht größtenteils unruhig, und schlaflos zu, und man sah aus allem: Es ging mit ihm zu Ende.« *Hasse, Januar 1804*

»Gegen das Ende des Winters fing er an, über unangenehme, ihn aufschreckende Träume zu klagen. Oft tönten Melodien der Volkslieder, die er in der frühsten Jugend von Knaben auf der Straße singen gehört hatte, ihm lästig in den Ohren und er konnte sich bei aller angestrengten Abstraktionskraft nicht davon losmachen.« *Wasianski, Winter 1803*

»Nun kam der Februar, von dem er sagte, wie oben bemerkt worden, dass in ihm wegen der geringeren Anzahl seiner Tage die kleinste Last getragen werde. Er ertrug in demselben die meisten seines Lebens, aber er hatte für ihn auch nur zwölf Tage. Sein Körper, von dem er sonst sagte: Er sei das Minimum in der Magerzeit, den er seine Armseligkeit nannte, nahm ganz außerordentlich ab. Wenngleich der Tod keine Grade gestattet, so könnte man doch fast von Kant sagen, er sei einige Tage vor seinem Ende schon halb tot gewesen. Er vegetierte kaum mehr, und dennoch gab's Augenblicke, wo er noch bemerkte und reflektierte.« *Wasianski, Februar 1804*

»Am 3. Februar schienen alle Triebfedern des Lebens gänzlich erschlafft zu sein und völlig nachzulassen, denn von diesem Tage an aß er eigentlich nichts mehr. Seine Existenz schien nur noch die Wirkung einer Art von Schwungkraft nach einer 80-jährigen Bewegung zu sein.« *Wasianski, 3. Februar 1804*

»Sonnabend den 11. lag er mit gebrochenem Auge, aber dem Anschein nach ruhig. Den mit Saft ihm dargereichten Löffel stieß er oft weg; aber in der Nacht um ein Uhr neigte er sich selbst nach dem Löffel. Ich schloss daraus auf seinen Durst und reichte ihm eine versüßte Mischung von Wein und Wasser. Er näherte den Mund dem Glase, und als dieser aus Schwäche den Trunk nicht mehr halten konnte, so hielt er mit der Hand sich den Mund zu, bis alles mit Getöse hinunter war. Er schien noch mehr zu wünschen; ich wiederholte mein Anerbieten, so oft, bis er durch diese Erquickung gestärkt, zwar undeutlich, doch mir noch verständlich sagen konnte: ›Es ist gut.‹ Dies war sein letztes Wort.« *Wasianski, 11./12. Februar 1804*

Vermächtnis

Kants Werk umfasst insgesamt 69 überlieferte Veröffentlichungen. Viele seiner Zitate sind weltbekannt. Praktisch alles Philosophieren bedeutet seit Kant auch eine Auseinandersetzung mit seinem Denken. Über alle Zeit geben uns seine Ideen auch im Alltag wertvolle Anregungen zum Menschsein und richtigen Handeln. Seine Maximen oder Grundsätze können uns bis heute Orientierung im Leben geben im Hinblick auf Werte wie Wahrhaftigkeit, Bescheidenheit, Aufrichtigkeit, Selbstständigkeit, Freiheitssinn und Gerechtigkeit.

»Unentstellt von den groben Zügen, welche der Missstand solcher, die unter dem Namen von Erläuterern und Anhängern Karikaturen von ihm oder schlechte Gipsabdrücke waren, so wie von denen, welche die Wut bitterer Gegner ihm andichtete, wird das Bild seines Geistes in seiner ganz abgeschlossenen Einzigkeit durch die ganze Zukunft der philosophischen Welt strahlen.« *Schelling*

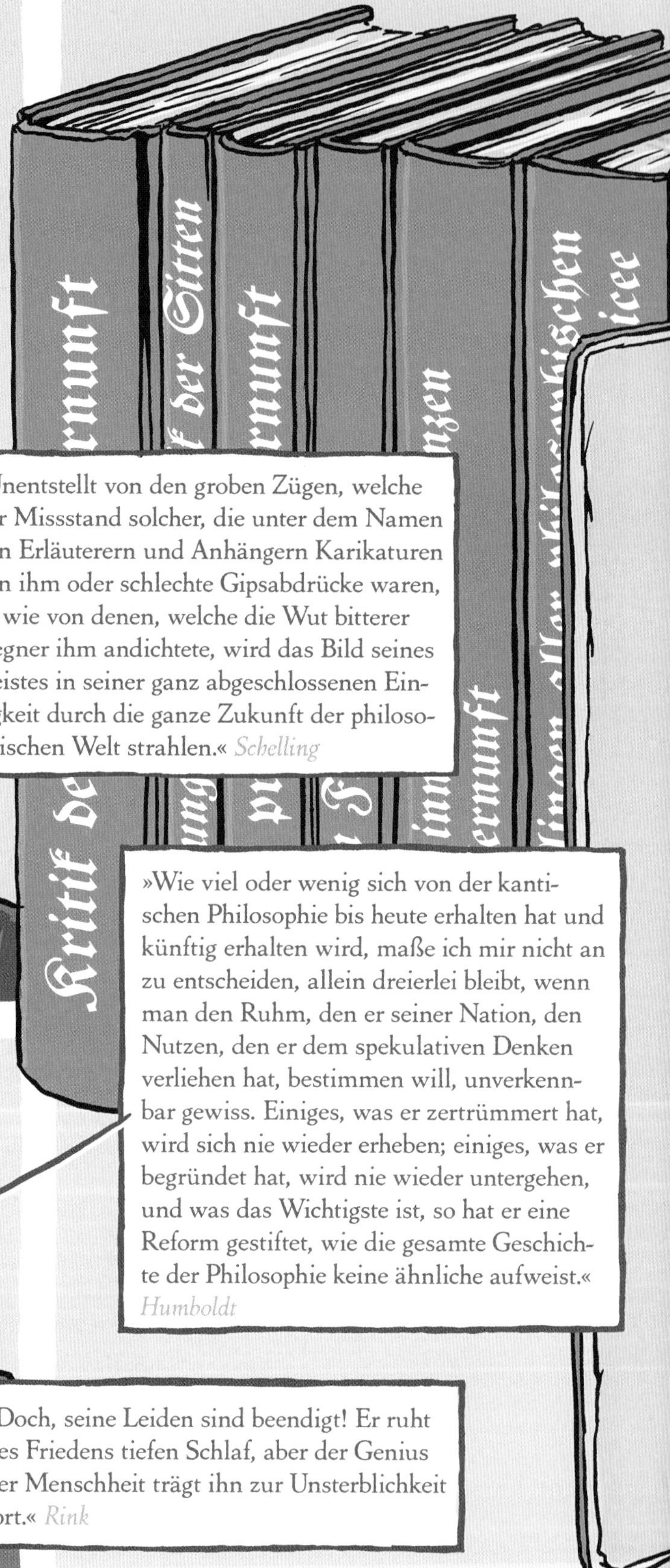

»Wie viel oder wenig sich von der kantischen Philosophie bis heute erhalten hat und künftig erhalten wird, maße ich mir nicht an zu entscheiden, allein dreierlei bleibt, wenn man den Ruhm, den er seiner Nation, den Nutzen, den er dem spekulativen Denken verliehen hat, bestimmen will, unverkennbar gewiss. Einiges, was er zertrümmert hat, wird sich nie wieder erheben; einiges, was er begründet hat, wird nie wieder untergehen, und was das Wichtigste ist, so hat er eine Reform gestiftet, wie die gesamte Geschichte der Philosophie keine ähnliche aufweist.« *Humboldt*

»Doch, seine Leiden sind beendigt! Er ruht des Friedens tiefen Schlaf, aber der Genius der Menschheit trägt ihn zur Unsterblichkeit fort.« *Rink*

Handle so, dass die Maxime deines Willens jederzeit als Prinzip einer allgemeinen Gesetzgebung gelten könne.
Critik
Aufklärung ist der Ausgang des Menschen aus seiner selbst verschuldeten Unmündigkeit.
Sapere aude! Habe Mut, dich deines eigenen Verstands zu bedienen!
Immanuel Kant.
Kein Staat soll sich in die Verfassung und Regierung eines andern Staats gewalttätig einmischen.
Dass der Geist des Menschen metaphysische Untersuchungen einmal gänzlich aufgeben werde, ist ebenso wenig zu erwarten, als dass wir, um nicht immer unreine Luft zu schöpfen, das Atemholen einmal lieber ganz und gar einstellen.
Immanuel Kant
1792

Immanuel Kant
1724 1804
Zwei Dinge
Immanuel Kant
1724 ~ 1804
Zwei Dinge erfüllen das Gemüt mit immer neuer und zunehmender Bewunderung und Ehrfurcht, je öfter und anhaltender sich das Nachdenken damit beschäftigt: Der bestirnte Himmel über mir und das moralische Gesetz in mir.

ÜBER DEN AUTOR

Jörg Hülsmann, geboren 1974, studierte Illustration in Düsseldorf und Hamburg. Seit 2003 zeichnet er als freier Illustrator für Buchverlage, Magazine und Zeitungen, darunter S. Fischer, Die Andere Bibliothek, Suhrkamp, DuMont, Büchergilde Gutenberg, Frankfurter Rundschau und mare. Bei Knesebeck illustrierte er zuletzt *Großstadt Wildnis* und *Ansichtskarten*.

Deutsche Originalausgabe

Ein Unternehmen der Média Participations

Verwendete Literatur:

Malter, Rudolf (1990), *Immanuel Kant in Rede und Gespräch*, Felix Meiner Verlag

Weischedel, Wilhelm (2002), *Kant oder die Pünktlichkeit des Denkens*, in: *Kant heute. Denke selbst!*, Verlag Neues Leben

Benninghoven, Friedrich (1974), *Immanuel Kant: Leben, Umwelt, Werk*, Katalog zur Ausstellung des Geheimen Staatsarchivs Preußischer Kulturbesitz

Vorländer, Karl (2004), *Immanuel Kant: Der Mann und das Werk*, fourier Verlag

Jacoby, Edmund (2010), *50 Klassiker Philosophen. Denker von der Antike bis heute*, Gerstenberg Verlag

Projektleitung: Pia Clemente, Knesebeck Verlag

Fachlektorat: Dr. Vicki Müller-Lüneschloß, München

Lektorat und Satz: Christine Schnappinger, München

Umschlaggestaltung: Fabian Arnet, Knesebeck Verlag

Umschlagillustration: Jörg Hülsmann, Berlin

Separationen: Reproline mediateam GmbH & Co. KG, Unterföhring

Herstellung: Arnold & Domnick, Leipzig

Druck: PNB Print Ltd.

Printed in Latvia

MIX
Papier | Fördert gute Waldnutzung
FSC® C084698

ISBN 978-3-95728-800-4

www.knesebeck-verlag.de

30,0
29,9